Mi Conexión con Dios

Drs. M&M SOJO

BW MINISTRIES
Charlotte, NC, USA

Publicado por
B & W MEDIA INTERNATIONAL

Derechos Reservados
© 2008 B & W MEDIA INTERNATIONAL

Primera Edición 2008
Por B & W MEDIA INTERNATIONAL
Titulo publicado originalmente en español: Mi Conexión con Dios

Clasificación: Religioso

Para pedidos o Invitaciones, llamar a:
Dr. Marcelino Sojo & Dra. María E. Sojo
Twitter: @apostolsojo
bwsojo@hotmail.com / miapostolsojo@gmail.com
www.apostolsojo.com

Diseño y Diagramación:
Meryi L. Quintero
Zoe & Asociados
Neiva, Colombia

CONTENIDO

> *Oh Dios, tú me has examinado y conocido. Tú has conocido mi sentarme y mi levantarme; Has entendido desde lejos mis pensamientos. Has escudriñado mi andar y mi reposo, y todos mis caminos te son conocidos. Pues aún no está la palabra en mi lengua, y he aquí, oh Jehová, tú la sabes toda. Detrás y delante me rodeaste, y sobre mí pusiste tu mano.*
> **Salmos 139:1-5**

Padre nuestro que estás en los cielos, en el nombre de mi Señor Jesucristo, me presento delante de ti, sabiendo que tú conoces mi vida, mi mente, voluntad y corazón. Hoy anhelo estar totalmente conectado contigo, porque tú eres mi esperanza, mi luz y mi salvación. Tú conoces mi vida y cada uno de mis pensamientos.

Andar desconectado de ti, me ha causado angustia, me ha hecho sufrir, me ha hecho llorar. Mi vida ha estado rodeada de dolor y maldad; hasta he sido traicionado. Más hoy me doy cuenta que puedo clamar a Ti.

"Clama a mí y Yo te responderé. Y te enseñaré, cosas grandes y ocultas que tú no conoces."
Jeremías 33:3

Por eso, hoy determino buscarte y sé que me responderás. Me enseñarás muchas cosas que antes nunca conocí, pero que a partir de hoy puedo disfrutar de la vida verdadera al conectarme de nuevo contigo. Tú, Oh Dios, conoces mi vida y tú sabes que te amo. Hoy lo digo con todo mi corazón y confieso que Jesucristo es el Señor de mi vida, porque creo que Él derramó su sangre por mí en la cruz.

Padre nuestro, te pido de corazón perdón por mis pecados. Renuncio a caminar sin tu luz y sin tu guía. Hoy me conecto contigo Padre eterno. Sé que tú das a mi vida gozo, paz y felicidad. En el nombre de Jesús, amén.

- *Conectado con Dios: Tengo la vida.*
- *Conectado con Dios: Tengo paz.*
- *Conectado con Dios: Tengo la fuerza.*
- *Conectado con Dios: Tengo salud.*
- *Conectado con Dios: Tengo mi vida prosperada.*
- *Conectado con Dios: Mi familia es bendecida.*
- *Conectado con Dios: Soy libre del mal.*

Eterno Padre Dios, por la sangre de Jesucristo y por su amor declaro, de todo corazón, que a partir de hoy caminaré conectado contigo.

Mi Conexión con Dios

> *Tal conocimiento es demasiado maravilloso para mí; Alto es, no lo puedo comprender. ¿A dónde me iré de tu Espíritu? ¿Y a dónde huiré de tu presencia? Si subiere a los cielos, allí estás tú; y si en el Seol hiciere mi estrado, he aquí, allí tú estás. Si tomare las alas del alba y habitare en el extremo del mar, aun allí me guiará tu mano, y me asirá tu diestra. Si dijere: Ciertamente las tinieblas me encubrirán; aun la noche resplandecerá alrededor de mí. Aun las tinieblas no encubren de ti, y la noche resplandece como el día; lo mismo te son las tinieblas que la luz.*
> **Salmos 139:6-12**

Durante mucho tiempo pensé que tú no estabas conmigo, pero hoy me doy cuenta que tú siempre has estado ahí para mí. Aunque no lo entendía, tu mano extraordinaria me ha guardado.

Eterno creador, hoy me conecto contigo, porque sé que con tu manto de cobertura nunca se pierde, siempre se gana. Nosotros no somos perdedores, somos ganadores por Jesucristo, por su amor y su palabra.

Ahora me doy cuenta que no me puedo esconder de tu presencia. Nada me puede apartar de ti, porque ando conectado contigo. Mi Dios, sé que tu mano me sostiene.

En el nombre de Jesús. Amén.

- *Conectado con Dios: Tengo la vida.*
- *Conectado con Dios: Tengo paz.*
- *Conectado con Dios: Tengo la fuerza.*
- *Conectado con Dios: Tengo salud.*
- *Conectado con Dios: Tengo mi vida prosperada.*
- *Conectado con Dios: Mi familia es bendecida.*
- *Conectado con Dios: Soy libre del mal.*

Eterno Padre Dios, por la sangre de Jesucristo y
por su amor declaro, de todo corazón,
que a partir de hoy caminaré conectado contigo.

Noche

> *Tal conocimiento es demasiado maravilloso para mí; Alto es, no lo puedo comprender. ¿A dónde me iré de tu Espíritu? ¿Y a dónde huiré de tu presencia? Si subiere a los cielos, allí estás tú; y si en el Seol hiciere mi estrado, he aquí, allí tú estás. Si tomare las alas del alba y habitare en el extremo del mar, aun allí me guiará tu mano, y me asirá tu diestra. Si dijere: Ciertamente las tinieblas me encubrirán; aun la noche resplandecerá alrededor de mí. Aun las tinieblas no encubren de ti, y la noche resplandece como el día; lo mismo te son las tinieblas que la luz.*
> **Salmos 139:6-12**

Tú eres mi creador, me formaste en el vientre de mi madre. Tú eres la fuerza que hasta este día me ha sostenido con vida. Tú eres mi Dios, tú eres mi gozo, tú eres mi todo. Tu buena mano esta sobre mí. Sé que es impresionante tanta gloria, tanto poder y tanta palabra. Te alabaré cada día, cada minuto, cada segundo, porque desde el vientre de mi madre tú me has sostenido.

Son tan grandes tus maravillas que no puedo contar tanto poder, tanta gloria, tanta misericordia que tú, mi Eterno creador, has tenido conmigo. Tú escribiste mi vida con tus pensamientos.

Desde el vientre de mi madre tú has estado conmigo. Si no fuera por tu amor, no estuviera vivo. Porque me guardaste en el vientre de mi madre hoy soy lo que soy. Si no fuera por tu amor, no estuviera vivo. Me libraste de accidentes y de muertes violentas. Si no fuera por tu amor, no estuviera vivo. Me libraste de asaltos y de robo. Si no fuera por tu amor, no estuviera vivo. Me libraste de mis enemigos. Si no fuera por tu amor, no estuviera vivo. Porque mi vida tiene propósito, me guardaste desde el vientre de mi madre. Por eso, hoy me conecto con Dios.

- *Conectado con Dios: Tengo la vida.*
- *Conectado con Dios: Tengo paz.*
- *Conectado con Dios: Tengo la fuerza.*
- *Conectado con Dios: Tengo salud.*
- *Conectado con Dios: Tengo mi vida prosperada.*
- *Conectado con Dios: Mi familia es bendecida.*
- *Conectado con Dios: Soy libre del mal.*

Eterno Padre Dios, por la sangre de Jesucristo y por su amor declaro, de todo corazón, que a partir de hoy caminaré conectado contigo.

NOTA:
Sabemos que el Espíritu Santo le está bendiciendo grandemente. Para cualquier auxilio de ayuda espiritual, llamenos por teléfono ó escribanos al correo electrónico que aparecen en la última página de este libro.

MiConexión con Dios

> *Clama a mi, y yo te responderé, y te enseñaré*
> *cosas grandes y ocultas que tú no conoces*
> **Jeremías 33:3**

En el nombre de mi Señor Jesucristo, hoy me conecto con Dios, porque sé que hoy es un día de cosas nuevas para mi vida. Hoy es un día de respuestas favorables. Hoy es un día de cosas grandes. Puedo clamar a mi Dios sabiendo que Él me responde. Hoy veré la respuesta a cada detalle de mis oraciones. Dios creador de los cielos y de la tierra, tú eres mi mejor amigo. Estás atento a mis oraciones. Puedo clamar a Ti y sé que me responderás siempre.

Deléitate asimismo en Jehová, Y él te concederá las peticiones de tu corazón. - Salmos 37:4

- *Conectado con Dios: Obtengo mi respuesta milagrosa.*
- *Conectado con Dios: Veo grandes milagros para mi.*
- *Conectado con Dios: Hoy Él responde mi oración.*
- *Conectado con Dios: Hoy Él bendice mi camino.*
- *Conectado con Dios: Aprendo a confiar en su palabra.*
- *Conectado con Dios: Él me auxilia milagrosamente.*
- *Conectado con Dios: Hoy Él me defiende del mal.*

Cada minuto de mi existencia andaré conectado
con Dios. En el nombre de Jesús, amén.

Medio Día

Día 2

> *Clama a mi, y yo te responderé, y te enseñaré*
> *cosas grandes y ocultas que tú no conoces*
> **Jeremías 33:3**

En el nombre de mi Señor Jesucristo me conecto con Dios porque es santo, glorioso y extraordinario su nombre. Él me dice que todo lo que yo le pida, Él me responderá. El Eterno Dios responde a mis oraciones. Yo le puedo pedir en el nombre de Jesús y siempre está atento a mí. Eterno Dios y creador, te pido que cubras mi vida. Ayúdame a salir adelante con mi familia. Tú eres mi esperanza, eres el Dios de mi salvación. Eres mi única fuente de reposo. Tú eres el gran consolador. No puedo clamar a nadie más porque sólo tú eres el Dios de mí Salvación. Por lo tanto, confieso en el nombre de Jesucristo que vivo conectado con mi Dios.

- *Conectado con Dios: Obtengo mi respuesta milagrosa.*
- *Conectado con Dios: Veo grandes milagros para mi.*
- *Conectado con Dios: Hoy Él responde mi oración.*
- *Conectado con Dios: Hoy Él bendice mi camino.*
- *Conectado con Dios: Aprendo a confiar en su palabra.*
- *Conectado con Dios: Él me auxilia milagrosamente.*
- *Conectado con Dios: Hoy Él me defiende del mal.*

Cada minuto de mi existencia andaré conectado
con Dios. En el nombre de Jesús, amén.

Noche

Día **2**

> *Clama a mi, y yo te responderé, y te enseñaré*
> *cosas grandes y ocultas que tú no conoces*
> ***Jeremías 33:3***

En el nombre del Señor Jesucristo, acepto todos los aprendizajes que el eterno Dios preparó para mí.
Puedo ver a través de esta palabra que me revelas por medio del profeta Jeremías, que tú comienzas a mostrar a mi vida cosas grandes, extraordinarias y preciosas.

A veces llega a mi mente la batalla de que yo había nacido para el fracaso. Pero no es así. Ahora estoy en la escuela del aprendizaje, recibo tu enseñanza.

Recibo todo lo hermoso, todo lo precioso que tú has preparado para mí. En el nombre de Jesús yo nací para triunfar.

- *Conectado con Dios: Obtengo mi respuesta milagrosa.*
- *Conectado con Dios: Veo grandes milagros para mi.*
- *Conectado con Dios: Hoy Él responde mi oración.*
- *Conectado con Dios: Hoy Él bendice mi camino.*
- *Conectado con Dios: Aprendo a confiar en su palabra.*

- *Conectado con Dios: Él me auxilia milagrosamente.*
- *Conectado con Dios: Hoy Él me defiende del mal.*

> **Cada minuto de mi existencia andaré conectado con Dios. En el nombre de Jesús, amén.**

NOTA:

Sabemos que el Espíritu Santo le está bendiciendo grandemente. Para cualquier auxilio de ayuda espiritual, llamenos por teléfono ó escribanos al correo electrónico que aparecen en la última página de este libro.

Mañana ——————— Día 3

> *Despreciado y desechado entre los hombres, varón de dolores,*
> *experimentado en quebranto; como que escondimos*
> *de él el rostro, fue menospreciado, y no lo estimamos*
> **Isaías 53:3**

Mi Señor Jesús, Rey soberano, Dios Todopoderoso. Siento mucho como los soldados te trataron y el desprecio que viviste, la corona de espinas y la lanza en tu costado. Los clavos en tus manos y tus pies. Aquel pueblo te despreció. Yo pensaba que sólo ellos te habían despreciado, más hoy comprendo que yo también te desprecié porque viví muchos días sin conectarme contigo. Te pido perdón por todos mis pecados. Nunca jamás quiero andar desconectado contigo. Nunca jamás te quiero dar la espalda. Nunca jamás te quiero irrespetar. Reconozco que tú eres mi esperanza. Tú eres la luz que alumbra mi camino. Reconozco que tú eres el Dios de mi bendita salvación. Hoy me conecto contigo y nunca me separaré de ti, mi Señor Jesús, amén.

- *Conectado con Dios: Comprendo la salvación.*
- *Conectado con Dios: Jesús es mi único salvador.*
- *Conectado con Dios: La sangre de Cristo me cubre.*
- *Conectado con Dios: Yo no desprecio a Cristo, lo amo.*
- *Conectado con Dios: Jesús es mi única esperanza.*
- *Conectado con Dios: Soy libre del mal y enfermedad.*
- *Conectado con Dios: Soy libre de pecado y muerte.*
- *Conectado con Dios: Tengo vida y paz en Jesucristo.*

Hoy estoy conectado con Jesús mi único Salvador.

Medio Día — Día 3

> *Despreciado y desechado entre los hombres, varón de dolores,*
> *experimentado en quebranto; como que escondimos*
> *de él el rostro, fue menospreciado, y no lo estimamos*
> **Isaías 53:3**

Amado Jesucristo, sé que desconectado de ti andaba mal, enfermo, herido, triste y solo; pero tú llevaste mis cargas, dolores y enfermedades.

Hoy me conecto contigo reconociendo que tú eres mi salud, mi sanidad, mi libertador. Renuncio a vivir triste y enfermo. Renuncio a vivir con soledad y dolor.

Renuncio a vivir abatido, porque tú sufriste por mí para que yo sea feliz. Me levanto en victoria por esta palabra. Tú sufriste para que yo no sufriera. Tú fuiste humillado para que yo viviera en gozo.

En el nombre de Jesús, hoy me conecto contigo sabiendo que el Espíritu Santo me revela que camino bajo tu gracia y tu amor desde ahora y para siempre. Soy sano, bendecido y prosperado. Amén.

- *Conectado con Dios: Comprendo la salvación.*
- *Conectado con Dios: Jesús es mi único salvador.*
- *Conectado con Dios: La sangre de Cristo me cubre.*
- *Conectado con Dios: Yo no desprecio a Cristo, lo amo.*
- *Conectado con Dios: Jesús es mi única esperanza.*
- *Conectado con Dios: Soy libre del mal y enfermedad.*
- *Conectado con Dios: Soy libre de pecado y muerte.*
- *Conectado con Dios: Tengo vida y paz en Jesucristo.*

Hoy estoy conectado con Jesús mi único Salvador.

Noche

Día 3

> *Despreciado y desechado entre los hombres, varón de dolores,*
> *experimentado en quebranto; como que escondimos*
> *de él el rostro, fue menospreciado, y no lo estimamos*
> **Isaías 53:3**

Antes vivía en rebeldía espiritual. Cuando me hablaban del amor de Dios no hacía caso. No entendía que tu gracia estaba sobre mí. Que tu amor me estaba cubriendo.

Que cuando tu corazón fue traspasado estabas sufriendo para que la luz llegara a mi vida y la esperanza a mi familia.

Sé que la paz que disfruto hoy, tú la compraste para mí por tu amor y por tu misericordia. Siempre has sido bueno, siempre has sido misericordioso.
Por tu gracia soy liberado del dolor. Por tu misericordia has quitado mi aflicción. Has puesto al bendito Espíritu Santo para que sea mi consolador. Gracias te doy Señor Jesús por tu amor y tu perdón.

Declaro que caminaré todo el día bajo esta bendita conexión.

- *Conectado con Dios: Comprendo la salvación.*
- *Conectado con Dios: Jesús es mi único salvador.*
- *Conectado con Dios: La sangre de Cristo me cubre.*
- *Conectado con Dios: Yo no desprecio a Cristo, lo amo.*
- *Conectado con Dios: Jesús es mi única esperanza.*
- *Conectado con Dios: Soy libre del mal y enfermedad.*
- *Conectado con Dios: Soy libre de pecado y muerte.*
- *Conectado con Dios: Tengo vida y paz en Jesucristo.*

> *Hoy estoy conectado con Jesús mi único Salvador.*

NOTA:
Sabemos que el Espíritu Santo le está bendiciendo grandemente. Para cualquier auxilio de ayuda espiritual, llamenos por teléfono ó escribanos al correo electrónico que aparecen en la última página de este libro.

Mi Conexión con Dios

> *¿Por qué te abates, oh alma mía, y te turbas dentro de mí? Espera en Dios; porque aún he de alabarte, Salvación mía y Dios mío.*
>
> **Salmos 42:5**

Dios tiene el control de cada uno de mis pasos. Lo que me rodea, las circunstancias externas y la batalla de la mente no indican la verdad de mi vida. No permitiré que la presión del enemigo me robe el gozo. Hoy aprendo la lección que un día entendió el rey David, quién escribió este salmo. Las presiones externas no pueden robarme el gozo. Las presiones externas no pueden robarme la paz. Dios es mi esperanza. Dios es mi respuesta. El tormento y la angustia no me pueden dominar. Yo esperaré en Dios, porque mis milagros están asegurados. En el nombre de Jesús, amén.

- *Conectado con Dios: Caminaré libre de toda angustia y opresión.*
- *Conectado con Dios: Caminaré sin temores a las batallas de la mente.*
- *Conectado con Dios: Caminaré agradecido por su amor.*
- *Conectado con Dios: Caminaré sin tormento.*
- *Conectado con Dios: Caminaré con gozo y paz.*
- *Conectado con Dios: Caminaré en milagros por Jesús.*
- *Conectado con Dios: Caminaré en Dios y su palabra.*

Hoy estoy conectado con Jesús, Él es mi paz y mi reposo

Mi Conexión con Dios

> *¿Por qué te abates, oh alma mía, y te turbas dentro de mí? Espera en Dios; porque aún he de alabarte, Salvación mía y Dios mío.*
> **Salmos 42:5**

Esperar en Dios es uno de los secretos más poderosos que existen, porque eso certifica que yo no dudo de su palabra. Hoy, Dios creador, me conecto contigo. La angustia y la desesperación no me atormentarán. Declaro que andaré bien y caminaré en victoria. Dependiendo no de las cosas que miro, sino de la palabra de mi Salvador. Tú tienes la respuesta a cada una de mis inquietudes. No permito que ninguna presión externa me robe la paz, porque vivo conectado con Dios. En el nombre de Jesús, amén.

- *Conectado con Dios: Caminaré libre de toda angustia y opresión.*
- *Conectado con Dios: Caminaré sin temores a las batallas de la mente.*
- *Conectado con Dios: Caminaré agradecido por su amor.*
- *Conectado con Dios: Caminaré sin tormento.*
- *Conectado con Dios: Caminaré con gozo y paz.*
- *Conectado con Dios: Caminaré en milagros por Jesús.*
- *Conectado con Dios: Caminaré en Dios y su palabra.*

Hoy estoy conectado con Jesús, Él es mi paz y mi reposo

Noche — Día 4

> *¿Por qué te abates, oh alma mía, y te turbas dentro de mí? Espera en Dios; porque aún he de alabarte, Salvación mía y Dios mío.*
> **Salmos 42:5**

Nunca jamás permitiré que las presiones externas perturben mi paz interior, la de mi familia y los que laboran conmigo. Yo no nací para el fracaso.

Tengo dominio propio. Me muevo con la autoridad de la palabra de Dios. El Creador del universo está conmigo. Sus ángeles y su gracia están a mí alrededor. Él responde milagrosamente a cada una de mis necesidades.

Declaro que no tengo nada que temer. Mi respuesta milagrosa está aprobada por el cielo.

Yo veré grandes y extraordinarios resultados porque hoy me conecto con mi Dios. En el nombre de Jesús. Amén.

- *Conectado con Dios: Caminaré libre de toda angustia y opresión.*

- *Conectado con Dios: Caminaré sin temores a las batallas de la mente.*
- *Conectado con Dios: Caminaré agradecido por su amor.*
- *Conectado con Dios: Caminaré sin tormento.*
- *Conectado con Dios: Caminaré con gozo y paz.*
- *Conectado con Dios: Caminaré en milagros por Jesús.*
- *Conectado con Dios: Caminaré en Dios y su palabra.*

Hoy estoy conectado con Jesús, Él es mi paz y mi reposo

NOTA:
Sabemos que el Espíritu Santo le está bendiciendo grandemente. Para cualquier auxilio de ayuda espiritual, llamenos por teléfono ó escribanos al correo electrónico que aparecen en la última página de este libro.

> *Porque no nos ha dado espíritu de cobardía,*
> *sino de poder, de amor y de dominio propio.*
> **2 Timoteo 1:7**

Hoy estoy en conexión con Dios y la maldición del temor no puede atemorizar mi vida. Hoy caminaré en plena confianza, en total victoria. Yo sé que tú estás conmigo. Sé que no moriré sino que viviré para contar tus maravillas. No temeré a la desgracia porque tú estás conmigo.

No temeré al tormento en mi familia porque me estás protegiendo. No temeré al terror de la noche porque tu abrigo está sobre mi vida. Nunca más caminaré con temor, porque sus ángeles me están guardando minuto a minuto, día tras día. Los que pretenden hacerme mal, no podrán.

Declaro con todo mi corazón que no camino solo. Estoy protegido. No tengo nada que temer, tú estás conmigo. Gracias por tu bendita protección. Gracias porque guardas a mi familia. Gracias porque estás guardando a todos los míos donde quiera que estén.

Hoy camino conectado con mi Dios.

- *Conectado con Dios: Viviré confiadamente.*
- *Conectado con Dios: Viviré este día sin temor.*
- *Conectado con Dios: Viviré con plena seguridad en Cristo.*
- *Conectado con Dios: Viviré en Dios y su palabra.*
- *Conectado con Dios: Viviré sin confusión.*
- *Conectado con Dios: Viviré sabiendo que Jesucristo me guarda del mal.*
- *Conectado con Dios: Vivo en victoria y paz.*

> **En cada momento de mi vida caminaré confiado y seguro porque sé que no esto solo ando con Jesús. Amén.**

Mi Conexión con Dios

Medio Día

> *Porque no nos ha dado espíritu de cobardía,*
> *sino de poder, de amor y de dominio propio.*
> **2 Timoteo 1:7**

Dios Todopoderoso, no estaré pendiente de las malas noticias, porque todo lo que quiere robarme la paz y mantenerme en angustia no proviene de ti, procede de las fuerzas del mal. Yo sé que tú eres el Dios que me fortalece. Tú eres el Dios que da vida, esperanza y luz. Rompo de inmediato con todo tormento angustioso en el nombre de Jesús. Toda fuerza de las tinieblas huye porque yo soy un hijo de paz. La gracia y la esperanza me cubren. Los ángeles de Dios y su santa cobertura me protegen. Yo estoy conectado con Dios. En el nombre de Jesús. Amén.

- *Conectado con Dios: Viviré confiadamente.*
- *Conectado con Dios: Viviré este día sin temor.*
- *Conectado con Dios: Viviré con plena seguridad en Cristo.*
- *Conectado con Dios: Viviré en Dios y su palabra.*
- *Conectado con Dios: Viviré sin confusión.*
- *Conectado con Dios: Viviré sabiendo que Jesucristo me guarda del mal.*
- *Conectado con Dios: Vivo en victoria y paz.*

En cada momento de mi vida caminaré confiado y seguro porque sé que no esto solo ando con Jesús. Amén.

> *Porque no nos ha dado espíritu de cobardía,*
> *sino de poder, de amor y de dominio propio.*
> **2 Timoteo 1:7**

Cuando yo no entendía el poder de la conexión divina aceptaba cosas que me robaban la paz. Pero hoy día, gracias a tu fortaleza, a tu amparo y poderoso socorro declaro, que de ahora en adelante nada me perturbará. Nada puede robarme la paz porque estoy conectado con mi Dios. En el nombre de Jesús.

No hay temor en el corazón, porque estoy conectado con Dios. No puede haber angustia en mi vida, porque estoy conectado con Dios.

A partir de este momento descanso en su gracia extraordinaria. En el nombre de Jesús. Amén.

- *Conectado con Dios: Viviré confiadamente.*
- *Conectado con Dios: Viviré este día sin temor.*
- *Conectado con Dios: Viviré con plena seguridad en Cristo.*
- *Conectado con Dios: Viviré en Dios y su palabra.*

- *Conectado con Dios: Viviré sin confusión.*
- *Conectado con Dios: Viviré sabiendo que Jesucristo me guarda del mal.*
- *Conectado con Dios: Vivo en victoria y paz.*

> **En cada momento de mi vida caminaré confiado y seguro porque sé que no esto solo ando con Jesús. Amén.**

NOTA:
Sabemos que el Espíritu Santo le está bendiciendo grandemente. Para cualquier auxilio de ayuda espiritual, llamenos por teléfono ó escribanos al correo electrónico que aparecen en la última página de este libro.

Un abismo llama a otro a la voz de tus cascadas; todas tus ondas y tus olas han pasado sobre mi. -Salmos 42:7

Mi Dios Todopoderoso andar conectado contigo es lo mejor que me ha pasado. Hoy es el día seis de mi conexión y cada día tengo más paz en mi corazón. Tú eres el Rey de la eternidad y yo soy esa alma sedienta que te necesita. Mi alma te anhela. Mi cuerpo y mi corazón te desean bendito creador. Por fin nos encontramos. Tú me anhelabas y yo también. Te doy gracias porque perseveraste en mí. Me esperaste. Siempre me amaste. Siempre creíste en mí. Por eso te anhelo. Mi espíritu te adora y te necesita, Oh Dios, mi creador. Sé que tus olas se han precipitado sobre mí, porque estoy conectado contigo. En el nombre de Jesús. Amén.

- *Conectado con Dios: Soy una fuente de agua que da vida.*
- *Conectado con Dios: Sé que Dios me anhela y yo lo anhelo también con todo mi corazón.*
- *Conectado con Dios: Bebo de su fuente del agua de vida.*
- *Conectado con Dios: Estoy en paz, gozo y victoria.*
- *Conectado con Dios: Ya no tengo problemas porque todo tiene solución.*
- *Conectado con Dios: Estoy bendecido, prosperado y en victoria.*
- *Conectado con Dios: Soy enseñado en mi espíritu por el Espíritu Santo.*

Ahora, Oh Dios, que estoy bajo tu bendición, siempre estaré conectado contigo. En el nombre de Jesús. Amén

Medio Día

Día **6**

> *Un abismo llama a otro a la voz de tus cascadas; todas tus ondas y tus olas han pasado sobre mí.* -**Salmos 42:7**

Dios Todopoderoso, sé que tus olas se han precipitado sobre mí. El torrente de tus bendiciones está cubriendo mi vida. Te anhelo, te adoro, te amo y reconozco tu presencia en mi vida. En el nombre de Jesús todos los días te llamo, en cada momento te anhelo. Todo mi ser te necesita. Sé que tú me anhelas eterno Dios. Y quiero decirte con todo mi corazón que yo también te anhelo. Tus olas de amor y misericordia se han precipitado sobre mí. Gracias mi Dios. En el nombre de Jesús. Amén.

- *Conectado con Dios: Soy una fuente de agua que da vida.*
- *Conectado con Dios: Sé que Dios me anhela y yo lo anhelo también con todo mi corazón.*
- *Conectado con Dios: Bebo de su fuente del agua de vida.*
- *Conectado con Dios: Estoy en paz, gozo y victoria.*
- *Conectado con Dios: Ya no tengo problemas porque todo tiene solución.*
- *Conectado con Dios: Estoy bendecido, prosperado y en victoria.*
- *Conectado con Dios: Soy enseñado en mi espíritu por el Espíritu Santo.*

Ahora, Oh Dios, que estoy bajo tu bendición, siempre estaré conectado contigo. En el nombre de Jesús. Amén

> *Un abismo llama a otro a la voz de tus cascadas; todas tus ondas y tus olas han pasado sobre mi. -Salmos 42:7*

Puedo oír el rugir de tus cascadas. Anhelo minuto a minuto, segundo a segundo estar contigo. Dios eterno, Padre creador soberano del universo, reconozco tu grandeza y tu majestad. Anhelo habitar todos los días de mi vida en el ambiente de tus cascadas. Renuncio a permitir que la perturbación externa me quite la vida, me robe la paz y atormente mi corazón. En el nombre de Jesús. Amén.

- *Conectado con Dios: Soy una fuente de agua que da vida.*
- *Conectado con Dios: Sé que Dios me anhela y yo lo anhelo también con todo mi corazón.*
- *Conectado con Dios: Bebo de su fuente del agua de vida.*
- *Conectado con Dios: Estoy en paz, gozo y victoria.*
- *Conectado con Dios: Ya no tengo problemas porque todo tiene solución.*
- *Conectado con Dios: Estoy bendecido, prosperado y en victoria.*
- *Conectado con Dios: Soy enseñado en mi espíritu por el Espíritu Santo.*

Ahora, Oh Dios, que estoy bajo tu bendición, siempre estaré conectado contigo. En el nombre de Jesús. Amén

NOTA:
Sabemos que el Espíritu Santo le está bendiciendo grandemente. Para cualquier auxilio de ayuda espiritual, llamenos por teléfono ó escribanos al correo electrónico que aparecen en la última página de este libro.

> *Bienaventurado el varón que no anduvo en consejo*
> *de malos, y estuvo en camino de pecadores,*
> *y en silla de escarnecedores se ha sentado*
> **Salmos 1:1**

Yo soy esa persona que no sigo el consejo de los malvados. Yo soy esa persona que he aprendido que vivir conectado con Dios es lo más grande y extraordinario que me puede ocurrir. Yo soy esa persona que nunca jamás seguiré el ejemplo de los mediocres y de los malvados. Renuncio al camino de los que quieren vivir para el pecado, no soy esa persona, yo no nací para el mal. Mi destino es andar conectado minuto a minuto, segundo a segundo con mi Dios. Todos los días de mi vida mis pensamientos estarán controlados por el Espíritu Santo y la palabra de Dios. Soy esa persona dichosa descrita por el Rey David en Salmos 1.

- *Conectado con Dios: Me evito muchos problemas.*
- *Conectado con Dios: Soy una persona bendecida.*
- *Conectado con Dios: Recibo el alimento de su palabra.*
- *Conectado con Dios: Me alejo de la gente mala.*
- *Conectado con Dios: En todo tiempo me va bien.*
- *Conectado con Dios: Todo lo que hago hoy prospera.*
- *Conectado con Dios: Bebo del río de vida que es Dios.*
- *Conectado con Dios: Soy árbol fructífero del Salmos 1.*

Ahora caminaré en la senda de Dios. Nada me distraerá de su amor porque yo camino con Jesús. Amén.

Medio Día — Día 7

> *Bienaventurado el varón que no anduvo en consejo de malos, y estuvo en camino de pecadores, y en silla de escarnecedores se ha sentado - **Salmos 1:1***

Sino que en la ley de Jehová está su delicia, y en su ley medita de día y de noche. Salmo 1:2

Mis pensamientos crecerán en la luz, la verdad y la vida a través de la Ley de Dios. A partir de hoy, lo más importante de mi vida es andar conectado con Dios, mi creador. Nada me separará de la luz y la verdad de la ley de Dios. Meditaré en esto todos los días de mi vida. Caminaré en tu palabra. Soñaré tu palabra. Declararé tu palabra. Porque en ella hay vida. Es la fuente que me hace prosperar. Tu palabra me libra de la desesperación, la angustia y la enfermedad. Tu palabra me libra de la muerte repentina y del dolor. En el nombre de Jesucristo, mi Señor. Amén.

- *Conectado con Dios: Me evito muchos problemas.*
- *Conectado con Dios: Soy una persona bendecida.*
- *Conectado con Dios: Recibo el alimento de su palabra.*
- *Conectado con Dios: Me alejo de la gente mala.*
- *Conectado con Dios: En todo tiempo me va bien.*
- *Conectado con Dios: Todo lo que hago hoy prospera.*
- *Conectado con Dios: Bebo del río de vida que es Dios.*
- *Conectado con Dios: Soy árbol fructífero del Salmos 1.*

Ahora caminaré en la senda de Dios. Nada me distraerá de su amor porque yo camino con Jesús. Amén.

Noche

> *Bienaventurado el varón que no anduvo en consejo de malos, y estuvo en camino de pecadores, y en silla de escarnecedores se ha sentado - **Salmos 1:1***

Soy esa persona de la que se habla en Salmos 1, soy ese árbol plantado junto a las corrientes del Espíritu Santo. Estoy conectado con Dios. Yo nací para estar conectado con Dios. El destino de mi vida es dar fruto. La única esperanza para mi camino es dar fruto. A través del torrente de la vida de Dios que entra a mi espíritu, directo de su Espíritu y hace que yo pueda triunfar, que yo pueda estar en victoria; que todo me salga bien. Nunca jamás me desconectaré de la palabra de Dios. Nunca jamás me desconectaré de la gente santa que Dios ha puesto en mi camino para que me ayude a crecer junto al río del Espíritu. Dios no me hizo estéril. Dios no me hizo para la derrota, Dios me hizo para dar fruto y al estar conectado con Dios, llevaré mucho fruto. Los tiempos de ruina y escasez se acabaron.

- *Conectado con Dios: Me evito muchos problemas.*
- *Conectado con Dios: Soy una persona bendecida.*
- *Conectado con Dios: Recibo el alimento de su palabra.*
- *Conectado con Dios: Me alejo de la gente mala.*
- *Conectado con Dios: En todo tiempo me va bien.*
- *Conectado con Dios: Todo lo que hago hoy prospera.*
- *Conectado con Dios: Bebo del río de vida que es Dios.*
- *Conectado con Dios: Soy árbol fructífero del Salmos 1.*

Ahora caminaré en la senda de Dios. Nada me distraerá de su amor porque yo ando con Jesús. Amén.